KB051305

청소년을 위한
사회성 향상
WORKBOOK

청소년을 위한
사회성 향상 WORKBOOK

초판 1쇄 발행 2013년 9월 25일

지 은 이 곽은아
펴 낸 이 박정희

기획편집 권혁기, 이주연, 양송희
마 케 팅 김범수, 이광택
관　　리 유승호, 양소연, 김성은
디 자 인 하주연, 이지선
웹서비스 백윤경, 이정돈, 최지은

펴 낸 곳 사회복지전문출판 나눔의집
등록번호 제25100-1998-000031호
등록일자 1998년 7월 30일

서울시 금천구 가산동 60-3 대륭포스트타워 5차 1105호
대표전화 1688-4604　팩스 02-2624-4240
홈페이지 www.ncbook.co.kr / www.issuensight.com

ISBN 978-89-5810-169-7(93330)

책값은 뒤표지에 있습니다.
잘못된 도서는 구입하신 서점에서 교환해 드립니다.

청소년을 위한

사회성 향상 WORKBOOK

곽은아 지음

사회복지 전문출판 나눔의집

이름:

나이(학년):

소속(학교):

머리말

여름방학을 맞이한 요즘 아이들에게 가장 하고 싶은 놀이가 무엇일까 질문을 해보았는데, 대부분 강으로 바다로 산으로 캠핑을 가고 싶다는 것이었다. 한결같은 대답에 이유를 물으니 텔레비전 프로그램 중에 가족이 함께 야외에서 음식을 만들고 나누어 먹고 즐기며 대화하는 모습이 좋아 보인다고 하였다. '그랬구나. 그럼, 네가 계획한 다른 활동이 있니?'라고 물으니, 집안일을 돕고 책도 읽고 친구들과 즐거운 시간을 보내겠다고 답하기도 했고, 새싹 식물을 키워보겠다며 종이 위에 연필로 꾹꾹 눌러 씨앗과 여린 잎들을 펼쳐 그리기도 했다. 아이들이 단지 '점'으로 표현된 씨앗들에게 이름을 붙여주자 그 올망졸망하게 모인 씨앗들은 물만 주면 곧 싹이 움틀 것만 같았다. 살아서 숨을 쉬는 생물의 성장과 활동을 지켜보는 것은 생각하는 인간으로서 참 남다른 경험이 아닐까 싶다. 씨앗을 직접 심어 흙을 덮어주고 물을 주며 가꾼 아동은 머지않아 신체·심리적으로 변화하는 자신과 현재를 살필 뿐 아니라 미래 역할을 찾기 위한 진정한 자아탐색 과정에도 눈을 뜨게 되지 않을까?

이 책은 전반적으로 기존에 다루어져 왔던 친구관계 증진, 공동체 활동 프로그램 등의 아이디어에 깊이를 더하여 청소년 스스로 내면의 힘을 기르도록 하는 데 초점을 맞추었다. 성장기 청소년의 내면과 사회 이해, 심리적 발달을 돕는 분석, 탐구, 경험, 지식습득, 문장 완성하기와 같은 활동들로 채워져 있는데, 1장에서는 내·외적인 자기모습을 알아차리고 분석하며 2장에서는 자신의 성장과정을 살피고 주변 인물들과 융화하는 과정을 인식하며, 3장은 자립을 위한 탐색활동, 4장은 소통을 위한 지혜의 터득과 연습, 5장과 6장에서는 서로 도우면 어떤 점이 이로울지 생각해 보는 활동들을 소개하였다. 7장과 8장은 세상에 대한 지식과 이해를 넓힘으로써 자신의 역할과 중요성을 인식하게 하였다. 각 장별로 주요 초점을 두어 각 장을 독립적으로 활용할 수도 있으며, 전체 활동을 개인 활동과 팀 활동으로 구분하여 활용할 수도 있으며, 상담을 진행하는 목적에 따라 각 장에 있는 활동들을 자유롭게 선택하여 활용할 수도 있다. 청소년 스스로가 자기 자신에 대한 건강한 관심이 다른 사람에 대한 건강한 관심으로 이어지도록 고유의 '자기중심성'을 이해하고 제대로 다루어야 할 것인데, 이 책 각각의 프로그램들이 상담의 현장 상황에 맞게 유연한 모양새로 활용될 수 있을 것이라 생각한다.

읽어볼 만한 도서나 영화추천부터 도움이 되는 사이트, 그림 작업과 아이디어를 시각화하는 복잡한 과정에 동참하여 세심하게 다듬고 보충해 준 나눔의집 출판사 직원들과 도란도란 대화와 모임에 참여해 준 청소년들 모두에게 고마움을 전한다. 가르치는 멘토, 부모, 교사들은 물론 자라나는 어린 친구들에게 작지만 소중한 선물이 되기를 기대해 본다.

연꽃씨앗 발아에 감탄하며
2013. 8.

차례

chapter 1.
청소년인 '나'

본 장의 활동은 청소년이 스스로 삶의 주체로서 자신의 몸과 마음을 인식하고,
사회의 한 구성원으로서 자기 존재를 살펴보도록 하는 데에 초점을 맞추었다.
이 과정은 삶의 의지를 다지고 당당한 사회인으로서 앞을 보며 나아갈 수 있는
발판이 될 것이다.

이 장에서는...

성인인 부모나 양육자는 아이와 눈을 마주하고 상호작용하기 위해 끊임없이 말이나 행동을 유도한다. 영유아에게는 작은 몸짓하나에서부터 옹알거리는 외마디 단어들에 주의를 기울여 반응하고, 이후 청소년기가 되면서는 신체적 변화에 대한 안내와 함께 사회문화적 차원으로 교육을 넓혀 나간다. 이때 청소년은 지적인 발달과 더불어 살아가는 삶의 결을 인식하고 순응하거나 반발하는 등 다양한 적응 형태를 보이게 된다.

이른바 '부적응 학생', '문제아'라는 용어들도 애초에 정해진 틀대로 천편일률적이고 기계적으로 순응하길 바라는 사회문화적 제약이 없었다면 생겨나지 않았을 용어들일 것이다. 청소년은 로봇이 아닌 인간이기에, 또 아직은 성인이 아니기에 심리, 신체, 환경, 호르몬, 인지구조, 신경전달물질, 인간관계 등 여러 요소 중 단 하나의 작은 원인을 통해서도 쉽게 위험에 노출되고 조금 다른 길을 빠질 수도 있다. 따라서 무엇보다 중요한 것은 문제를 일으킨 청소년에 대한 처벌이 아니라 청소년 스스로 아동에서 성인으로 이행하는 변화 요소들을 인식하고 자신의 사고와 행동을 주체적으로 다루어 나갈 수 있도록 연습시키는 과정일 것이다. 예를 들어, 자전거를 배우면서 자전거의 구조나 작동원리를 알려주고, 자전거를 타다가 넘어지기도 하며, 초반에는 불안함을 느낄 수 있으며, 익숙해졌을 때에는 만족감과 성취감을 갖게 되는 소소한 과정들을 인식시켜 주는 것이다. 무엇보다 자전거를 배우려는 자신이 잘 모르고 있는 것과 알아야 하는 것, 두려운 감정, 자신감을 높이는 법, 꼭 배워야 하는 이유, 불안감을 떨치려는 노력들을 조화롭게 인식하는 것이 중요하다.

혹자들은 청소년이 개인적 성장을 이루고 사회의 발전에 공헌하기 위해서 다음의 세 가지가 필수적이라고 강조한다. 우선, 인지적인 구조를 분석하고 알아차리는 것, 둘째, 자아의 발견과정을 거치는 동시에 지식을 습득하는 것, 셋째, 학습하고 문화에 익숙해지는 경험을 통해 지혜를 쌓는 것이다. 청소년의 사회성 향상은 '개인의 성장과 안정', '공동체의 성장과 안정' 이라는 이 두 가지의 균형을 유지하는 것을 궁극적인 목표로 삼아야 할 것이며, 청소년이 성인으로 다 자라기까지 끊임없이 움직이고 변화해 가는 과정에도 그 의의를 두어야 할 것이다.

1
나와의 약속

여러분이 좋아하는 최고의 '내 표정'을 직접 그려 보거나 사진을 찍어 붙이고 다음에 제시된 것처럼 감정표현 단어를 적어 봅시다.

예 다양한 감정표현 단어

당당한

만족스러운

의젓한

흥겨운

쾌활한

씩씩한

생기로운

의연한

평온한

가슴이 벅찬

상냥한

유쾌한

산뜻한

장난기 넘치는

편안한

활발한

흡족한

자신감 넘치는

📊 내가 가장 좋아하는 나의 표정을 그려 봅시다.

나 ＿＿＿＿＿＿＿＿＿＿＿은/는 다음과 같은 멋진 표정으로 매 순간 더욱 건강하고 아름다운 삶을 만들어 나아가도록 노력하며, 그 걸음을 내딛는 이 시간부터 배우고 익히는 모든 과정에 적극 참여할 것을 스스로에게 약속합니다.

나의 감정표현 단어는? ＿＿＿＿＿＿＿＿＿＿＿＿＿＿＿＿＿＿＿＿

2
'나'를 소개합니다

○○○○년 ○○월 ○○일에 태어난 '나'를 떠올려 봅니다. 나의 존재가 나에게, 또 가족이나
친구들에게 어떻게 표현되는지 그림이나 글로 작성합니다.

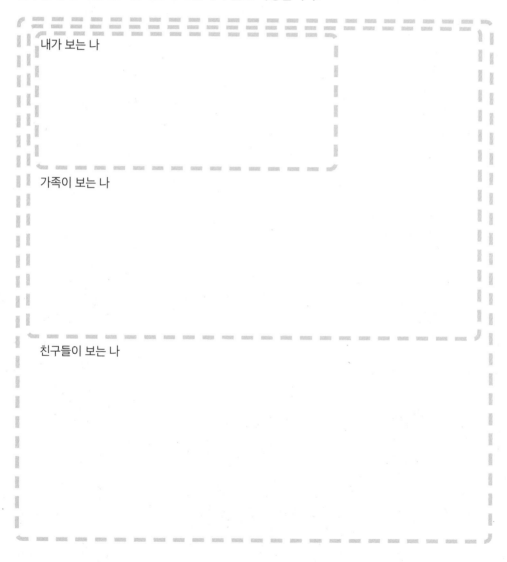

내가 보는 나

가족이 보는 나

친구들이 보는 나

3
'나'를 비추는 거울

내가 가장 즐겁고 멋있을 때는 언제, 어떤 일에 몰두하고 있을 때인지 생각해 봅시다.

 예

📊 내가 생각하는 가장 멋진 나의 모습을 그려 봅시다.

4
마음을 다듬는 호흡

하루 한 순간도 멈출 수 없는 기본 호흡. 숨을 들이쉬고 내쉬는 활동은 신체뿐 아니라 맑은 정신을 유지하는 중요한 역할도 하는 것으로 알려져 있습니다. 여러분은 호흡을 얼마나 자주 인식하고 있습니까? 숨을 들이쉴 때 우리 몸 안의 횡격막은 크게 펴져 가슴 내부가 넓어지며, 숨을 내쉬게 되면 좁아지도록 되어 있습니다. 화가 나거나 긴장을 하면 숨을 짧게 쉬게 되고 가슴이 콩닥콩닥 뛰는 현상을 느껴 보았을 겁니다. 이러한 때 불안을 해소하고 뇌가 안정화하여 제대로 생각하고 행동할 수 있도록 심호흡하는 연습을 해봅시다. 진행자의 구령에 맞추어 '하나'에 깊게 들이쉬고 '둘'에 천천히 내쉬세요. 호흡이 진행되는 동안 되도록 밝고 긍정적인 생각과 이미지들을 떠올려 보도록 합니다.

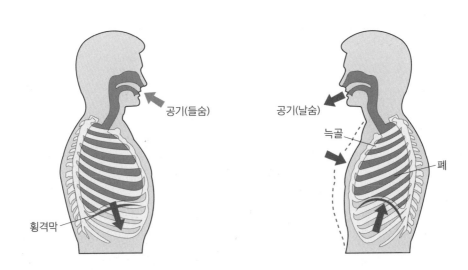

5
'나'를 알기 프로젝트

내가 생각하는 내 모습과 주변 사람들이 보는 내 모습에 어떤 차이가 있는지를 알아보는 시간입니다. 이 활동은 나를 알아보기 위한 것이지 나를 평가하는 것은 아닙니다. 단어가 가진 긍정적/부정적 의미에 얽매이지 말고 자신에게 가장 잘 어울리는, 자신을 가장 잘 나타내 주는 단어들을 찾는 데에 집중하도록 합니다. 복수로 응답할 수 있으며, 제시되어 있지 않은 단어는 빈칸에 적어 둡니다.

📊 1단계 — 다음에 나열된 단어들 중 나를 가장 잘 표현해 주는 단어에 ○표를 합니다.

조용하다   멋있다   인상이 강하다
                말을 잘한다
  장난을 잘 친다   똑똑하다
            재밌다
  날카롭다   자신감이 넘친다   귀엽다
예민하다   유쾌하다   냉소적이다
                          발랄하다   이해심이 많다
  새침하다   내성적이다
                              쾌활하다
부지런하다
            소심하다
  느긋하다   속을 모르겠다
            승부욕이 강하다
재치가 있다   애교가 많다
        리더십이 있다
  생각이 많다   감성이 풍부하다   답답할 때가 있다

2단계 — 가족들에게 다음 단어들 중 나에게 잘 어울리는 표현에 O표를 해달라고 부탁합니다.

조용하다

인상이 강하다

멋있다

말을 잘한다

똑똑하다

장난을 잘 친다

재밌다

자신감이 넘친다

귀엽다

날카롭다

냉소적이다

유쾌하다

예민하다

새침하다

발랄하다

이해심이 많다

내성적이다

쾌활하다

부지런하다

소심하다

속을 모르겠다

느긋하다

승부욕이 강하다

애교가 많다

재치가 있다

리더십이 있다

감성이 풍부하다

생각이 많다

답답할 때가 있다

조용하다   인상이 강하다

멋있다   말을 잘한다

똘똘하다

장난을 잘 친다

재밌다   자신감이 넘친다

귀엽다

날카롭다   냉소적이다

유쾌하다

예민하다

새침하다   발랄하다   이해심이 많다

내성적이다   쾌활하다

부지런하다

소심하다   속을 모르겠다

느긋하다

승부욕이 강하다   애교가 많다

재치가 있다

리더십이 있다

감성이 풍부하다

생각이 많다

답답할 때가 있다

4단계 ─ 이번에는 가까운 친구에게 '나'의 이미지를 떠올려 선택하도록 해봅니다.

조용하다

인상이 강하다

멋있다

말을 잘한다

똘똘하다

장난을 잘 친다

재밌다

자신감이 넘친다

귀엽다

날카롭다

냉소적이다

유쾌하다

예민하다

새침하다

발랄하다

이해심이 많다

내성적이다

쾌활하다

부지런하다

속을 모르겠다

소심하다

느긋하다

승부욕이 강하다

애교가 많다

재치가 있다

리더십이 있다

감성이 풍부하다

생각이 많다

답답할 때가 있다

📊 5단계 ― 3단계와 같이 친구와 내가 공통으로 떠올리는 나의 성격, 특징 단어가 무엇인지 표시해 보고 그 이유에 대해 이야기를 나눕니다.

조용하다　　　　　　　　　　　　　　　인상이 강하다

　　멋있다　　　　말을 잘한다

　　　　　　　　　　　　　　　　　똑똑하다

장난을 잘 친다

　　　재밌다　　　자신감이 넘친다

　　　　　　　　　　　　　　　귀엽다

　날카롭다　　　　　　냉소적이다

예민하다　　유쾌하다

　새침하다　　　발랄하다　　이해심이 많다

　　　내성적이다　　　쾌활하다

부지런하다

　　　소심하다　　　속을 모르겠다

　느긋하다

　　　　승부욕이 강하다　　애교가 많다

재치가 있다

　　　리더십이 있다

　　　　　　감성이 풍부하다

　생각이 많다

　　　　　　답답할 때가 있다

📊 1~5단계의 과정을 진행한 후 결과 및 느낀 점을 정리해 봅시다.

1. 가족이나 친구가 공통적으로 이야기했지만, 나는 미처 알지 못했던 성격, 특징이 있나요?

_____

_____

_____

2. 가족들이 아닌 친구들에게만 드러난 나의 성격, 특징은?

_____

_____

_____

3. 친구들이 아닌 가족들에게만 드러난 나의 성격, 특징은?

_____

_____

_____

4. 가족이나 친구가 이야기하지 않았지만, 나만이 느낀 나의 성격, 특징 중 주변 사람들에게 더 알리고 싶은 성격, 특징에는 어떤 것들이 있나요?

_____

_____

_____

6
'청소년' 이미지 표현하기

꿈과 희망을 안은 밝은 모습의 청소년을 표현해 보는 시간으로, 다양한 소재를 통해 자유롭게 콜라주 작업을 진행해 봅니다.

 예

미래를 향한 생각

뜨겁게 뛰는 심장

역동적으로 걷기

📊 팀별로 생각을 모아 우리가 생각하는 청소년의 이미지를 그려 봅시다.

7
이야기 속으로

최근 본 만화, 드라마 혹은 영화에 대해 그룹별로 각자 느낀 점을 이야기하고 종합하여 발표해 봅시다. 주요 장면을 뽑아 그림으로 표현하거나 재미있는 즉석 연극을 만들어 봅니다(발표, 그림 표현, 즉석연극 가운데 한 가지 정하기).

진행의 팁
진행자는 볼만한 도서/영화 목록을 미리 알아보고 몇 가지 줄거리를 제시한 후 각 팀마다 흥미로운 내용을 선택하여 활동이 진행될 수 있도록 한다.

※ 읽어볼 만한 도서들
나대지 마, 설대명 지음, 2012, 좋은땅.
못된 장난, 브리기테 블로벨 지음, 전은경 옮김, 2009, 푸른숲주니어.
소년을 위로해줘, 은희경 지음, 2010, 문학동네.
어쩌다 중학생 같은 걸 하고 있을까, 쿠로노 신이치 지음, 장은선 옮김, 2012, 뜨인돌.
외국어를 공부하는 시간, 오현종 지음, 2009, 문학동네.
파란 아이, 공선옥·구병모 외 지음, 2013, 창비.

📊 친구와의 관계, 2차 성징으로 인한 내적 갈등, 학교 성적 등 청소년이 되어 경험하게 되는 다양한 일상의 문제들과 고민들을 주제로 삼아 풀어보는 시간입니다.

1. 새 학년/새 반, 이사/전학 등으로 맞이한 새로운 환경

2. 친구들과의 관계

3. 2차 성징으로 인한 혼란, 부끄러움...

4. 이성친구에 대한 관심

5. 기타

8
미니 앙케이트

팀별로 '청소년'에 관한 작은 설문을 진행해 보는 시간입니다. 주변 어른들의 청소년기는 어땠는지, 청소년기에 꼭 경험해야 봐야 할 것들은 무엇이 있는지 등 다양한 질문을 정리해 봅니다. 앞선 이들의 경험과 반성을 양분으로 삼을 수 있는 긍정적인 활동이 되도록 만들어 볼까요?

 먼저 팀원을 결정한 후 각자 역할을 나누어 어떤 일을 책임지고 끌어나갈지 분담해 봅시다.

 구체적으로 어떤 내용의 앙케이트를 진행할지 팀원들과 함께 고민해 봅시다.

예

1. 청소년기에 꼭 배워야 할 것이 있다면 무엇이라고 생각하십니까?
2. 어른이 된 후, 지난 청소년기에 대해 가장 후회되었던, 아쉬웠던 말과 행동에 대해 알려 주세요.

 설문지가 완성되었다면, 함께 설문조사를 진행해 봅니다.

 모여서 그룹별로 조사한 내용을 발표합니다.

 이 활동을 수행하는 과정에서 느낀 점을 자유롭게 이야기합니다. 활동 과정을 담은 사진 및 동영상 자료도 함께 소개합니다.

첫 번째 회기를 마치며…

 내 나름의 정의내리기

청소년은 _____ 다.

청소년은 _____ 다.

청소년은 _____ 다.

 삼행시 짓기

청

소

년

chapter 2.
성장하는 '나'

인간은 갓 태어난 송아지가 네 발을 딛고 일어나 걷는 것과 달리 고개를 가누
고 뒤집기를 하는 등 오랜 과정과 시행착오를 거친 뒤 비로소 걸을 수 있다. 또
한 정신적·심리적 성장과 발달이 건강한 성인의 수준에 이르기 위해서는 개인
과 사회의 통합 및 구조화된 노력이 필요하다. 이 장에서는 만물의 영장답게
기록하고 되짚어 보며 자신의 주변에 있는 성장의 자원들이 무엇인지 인식하
는 것이 중요하다.

이 장에서는...

성장한 청소년은 지금보다 훨씬 더 어린 시절, 태어나 수 시간 이내 다리를 세워 일어나는 동물과 다르게 꼼짝없이 포대기 속에서 돌봄의 과정을 지나왔다. 이 시기는 번데기 속 같은 안락한 공간에 있음에도 누군가의 영양공급과 보살핌이 없으면 생존을 위협받는 매우 나약한 시기이다. 한참을 지나서야 두 팔과 두 다리에 힘을 얻고 혼자 앉고 설 수 있게 되는데, 이 과정 또한 순탄치 않아 주변의 많은 격려와 응원, 관심이 필요하다. 청소년은 이렇듯 수년에 걸쳐 옹알이에 응수하고 손과 팔 다리를 잡아 주었던 양육 참여자의 영향을 받게 된다. 양육자가 한 청소년의 성장에 있어 얼마나 영향을 주었는지 그 절대적인 비율을 가늠하기는 어렵지만 청소년이 포대기에서 빠져나온 이후의 삶은 타고난 기질과의 싸움이며 스스로 책임이 늘어나는 과정이라는 사실을 깨달아야 할 것이다.

개인이 성장하면서 호기심과 충동이 강했고 조절이 필요하다고 느낀다면 앞으로는 자신을 객관적으로 바라보고 성격과 습관에 대해 새로운 의미를 부여하여 잘 갈고닦는 일이 중요하다. 성장을 위해 안팎으로 내딛는 이 같은 활동은 다른 사람과의 관계, 사회적 시스템에 유연하게 대처하고 적응하는 힘을 키워줄 수 있을 것이다. 자신에 대한 깊은 관심과 탐색을 통해 자존감을 향상시키고 고유의 자기 특성을 사회 속에서 조화롭게 가꾸어 나아가는 과정은 분명 가치가 있을 것이다.

1
나의 성장기록

세상에 나온 내가 현재까지 어떻게 자라왔는지를 돌아보는 시간입니다. 좋은 일, 나쁜 일, 후회하는 일, 자랑하고 싶은 일 등 되도록 다양한 에피소드를 떠올려 기록합니다.

진행의 팁
진행자는 명상이나 마음안정에 도움이 될 만한 음악을 미리 준비하거나 진행자 자신의 성장 에피소드를 간략히 소개해도 좋습니다.

┌─ **지금의 나** ────────────────────────

나이:

나의 일상:

특별한 사건:

나의 고민/생각들:

└───────────────────────────────────

그때의 나

기억하는 나이:

특별한 사건:

그때의 고민/생각들:

그때의 나

기억하는 나이:

특별한 사건:

그때의 고민/생각들:

내가 태어났을 때

태어난 곳:

사람들은 나에게 어떤 기대를 했었을까?

갓난아기였던 나, 나는 그때 무슨 생각을 했었을까?

2
나는 이렇게 태어났습니다.

가깝거나 먼 가족들과의 상호작용을 통해 나에 대한 역사와 주변 인물들의 특징, 성격 이야기 등을 적어 봅니다.

진행의 팁
진행자가 먼저 자신의 이야기가 담긴 자료를 예시로 마련하여 소개하는 것도 도움이 됩니다.
직계가족을 중심으로 진행하기 어려운 경우 실제 가족의 역할을 해주는 인물들을 중심으로 관계도를 구성할 수 있도록 안내합니다.

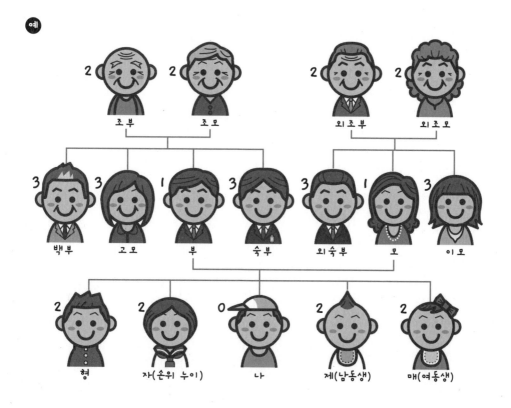

※ 그림에서 숫자는 촌수를 나타냅니다.

🏄 가계도를 통해 나의 가족 이야기를 만들어 봅니다.

3
가족은 나의 성장에…

'가족'이란 단어를 떠올릴 때 떠오르는 나의 느낌들을 기술해 봅니다.

4
'나'를 살펴보기

자신의 강점과 약점을 스스로 점검해 보는 시간입니다.
이 시간을 통해 자신의 강점을 발달시키고 약점을 극복할 수 있는 밑거름을 마련해 봅시다.

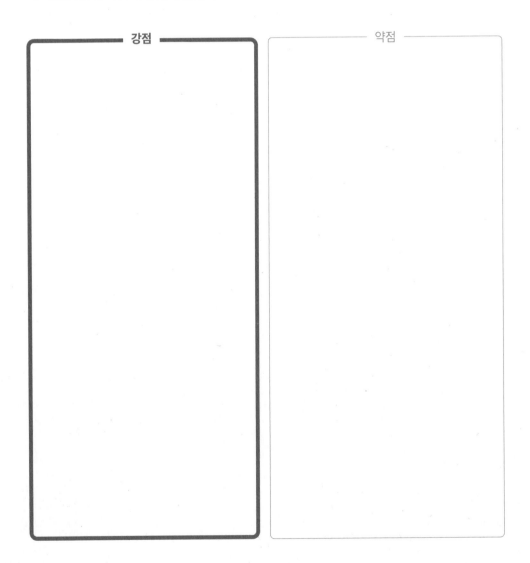

강점	약점

5
'나'의 힘을 더하는 것,
'나'의 힘을 빼는 것

생활 속에서 나의 평정심을 흔드는 일들이 있다면 무엇이고, 기운을 끌어올리는 일들이 있다면 무엇일까요? 구체적인 상황을 떠올려 정리된 내용을 토대로 내게 스트레스가 되는 요인을 어떻게 해결할 수 있을지 고민해 봅시다. 또한, 긍정적인 요인들을 통해 보다 즐거운 삶을 꾸려 나갈 수 있도록 합니다.

───── 나에게 힘이 되는 일들 ─────

예

나를 걱정해주는 친구들

───── 나를 힘들게 하는 일들 ─────

예

엄마의 잔소리

떨어지는 성적

6
나를 돕는 사람들

나에게 영향을 준 사람들의 이름이 달린 나무입니다. 어떤 생각을 열리게 했는지 설명해 봅니다. 나를 성장하게 한 말과 행동은 무엇이었나요?

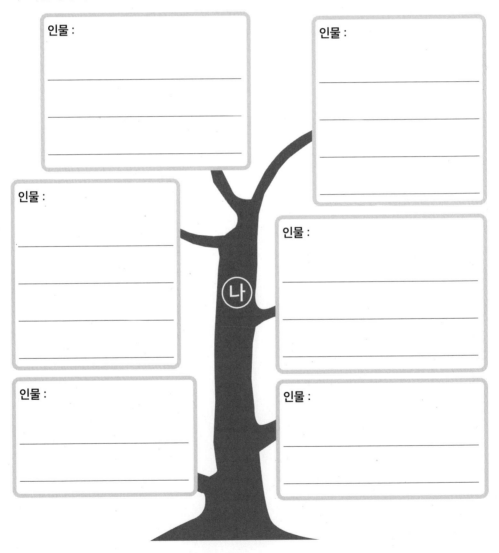

인물 :

인물 :

인물 :

인물 :

인물 :

인물 :

7
가족영화 감상하기

팀별로 가족영화를 선정하여 보고 느낀 점을 발표해 봅니다. 그림으로 표현하거나 역할을 맡아 극화하여 재미있는 장면을 연출하여 봅니다.

※ 감동적인 가족영화
우리는 동물원을 샀다, 2012년, 감독 카메론 크로우 (전체 관람가)
라모너 앤 비저스, 2010년, 감독 엘리자베스 앨런 (전체 관람가)
날아라 허동구, 2007년, 감독 박규태 (전체 관람가)
세 가지 소망, 1995년, 감독 마샤 쿨리지 (전체 관람가)
미세스 다웃 파이어, 1994년, 감독 크리스 콜럼버스 (12세 이상)
세상에서 가장 아름다운 이별, 2011년, 감독 민규동 (15세 이상)
가족, 2004년, 감독 이정철 (15세 이상)
애자, 2009년, 감독 정기훈 (15세 이상)

우리 팀에서 선정한 영화는?

제목:

🏃 등장인물을 소개해 봅시다.

🏃 줄거리를 간단히 정리해 봅시다.

🏃 감명 깊은 장면은 무엇인가요? 어떤 점이 내 마음을 끌었는지 적어 봅시다.

8
우리 가족 미니인터뷰

여러분의 신체적, 정신적 성장에 힘을 불어넣는 사건들을 소개하는 시간입니다.
각자 가족 구성원에게 들은 '나의 성장' 내용을 정리하여 친구들 앞에서 발표해 봅시다.

 내가 유아기 시절 신체적 성장을 위해 좋아했던 음식과 주전부리는?

> **예**
>
> 모유, 분유, 채소 이유식, 알사탕 …

 고치기 힘들었던 습관은 무엇이었나요?

> **예**
>
> 손가락 빨기 …

 자주 앓았던 질병은?

> **예**
>
> 기침, 비염 …

두 번째 회기를 마치며…

🏃 내 나름의 정의내리기

성장이란 _____ 다.

성장이란 _____ 다.

성장이란 _____ 다.

🏃 이행시 짓기

chapter 3.

자립하는 '나'

청소년이 신체적인 성장을 이룸과 동시에 심리적으로 독립하는 과정은 개인
이 경험을 통해 성숙하고 진로를 결정하는 데 매우 중요하다. 때와 경우에 따
라 부모에 의해 주도되기도 하고 사회와 문화의 영향을 받을 수 있으나 결국
중요한 것은 자기자신에 대한 지식과 직·간접적인 자기 경험에서 나오는 통찰
이다.

이 장에서는...

자립이란 일반적으로 개인이 기초적인 삶의 지식과 기능을 갖추어 독립적 행동을 연출하고 다른 사람들과 상호작용하며 편안한 느낌으로 얽매임이 없이 살아가는 모습을 가리킨다. 일부 학자들은 국·내외 빈곤가정 청소년을 대상으로 한 연구결과를 바탕으로 자립은 건강한 심리적 상태를 유지하고, 독립된 시민으로 가족, 학교와 같은 교육기관, 국가 시스템에 의해 지지되는 것이라고 설명하기도 하였다.

스웨덴의 경우 아동기를 거쳐 청소년 시기에 이르면 부모로부터 독립을 하는 것으로 여겨 평균 18~19세가 되면 분가 혹은 출가가 자연스럽게 진행되고 있다. 더불어 가족, 주택, 노동 정책도 국가에서 지원하고 있는데 이와 같은 조사 내용은 청소년이 건강한 성인으로 발돋움하기 위해 심리적으로 독립하고 가족, 사회 내 구성원으로서 자신을 관리하며 생활하기까지 다각적인 노력을 기울여야 함을 강조하는 것이다. 한편, 한국 청소년들의 활동범위는 해외 학생들 사례와 견주어 비교적 좁게 머물고 있는 것으로 알려져 있으며 아르바이트를 경험하는 청소년들에 한해서만이 가족의 범위에서 벗어난 다른 수직적 인간관계 네트워크가 형성되고 있다는 점이 특이하다. 이들은 누군가의 요구가 아닌 자발적으로 선택하여 시작한 일에 대해 책임감을 인식하게 될 뿐 아니라 자신에 대해 대견함을 느끼는 등 성취감과 즐거움을 동시에 얻고 있다고 보고한다. 아르바이트를 통해 사회적 경험을 쌓을 수 있고 희망하는 물건을 구입하거나 교재나 여가비용을 마련할 수 있는데 스스로 설 수 있는 한 인간이라는 느낌은 성취 및 의욕을 불러일으키는 지렛대 역할을 한다.

청소년이 서서히 경제적 자립의 과정을 거치고 심리적으로도 독립하도록 개인 내면의 힘을 키워 진로를 탐색하고 직업을 선택하기에 이르는 과정은 매우 중요한 것이다. 만일, 청소년이 음주나 약물, 인터넷이나 게임 등에만 지나치게 의존한 나머지 다양한 문화와 여가를 누릴 기회가 줄어든다면 신체적 성장과 정신의 발달이 더디어지며 가족 및 사회 구성원들과의 유대까지도 파괴될 수 있다. 이러한 예는 세계 여러 국가에서도 나타나는 추세인데 예를 들어, 하루 4~5시간 이상 인터넷·전자 게임에 중독된 청소년이 게임을 하기 위해 돈을 훔치거나 학교에 무단결석을 하기도 하고 충동을 조절하지 못하는 등 부정적인 문제해결태도, 사회적응 기술 습득의 부재를 보인다는 사실들이 끊임없이 보고되고 있다. 중독 또는 의존의 원인에 대해서는 학자들에 따라 감각추구 성향, 학업 스트레스, 공격성, 양육자와의 갈등과 소통의 부재 등을 꼽고 있다. 청소년은 개인 스스로 자신을 돌아보고 문제를 인식하며 해결을 위해 사회 속의 다양한 프로그램과 활동에 적극 참여하도록 할 필요가 있는데, 혹자는 청소년기 발달과업이 곧 자립이며 청소년이라면 당연히 자립을 위한 지식추구의 권리, 사회보장의 권리, 사생활 보호의 권리, 평등한 기회를 부여받을 권리 등이 있음을 강조하기도 하였다.

청소년은 겉으로 보기에는 신체적으로 성숙하여 성인기에 이른 것 같지만, 정신적으로는 미처 준비되지 못한 '어른 아이' 모습으로 유예된 기간을 맞이할 가능성을 염두에 둔다면 연거푸 실수를 하더라도 정신적 발달의 기회로 삼도록 자립을 가르치고 용기를 북돋아 주는 일이 훨씬 바람직하다. 흔히 꼽을 수 있는 청소년기의 세 가지 함정인 극단적 말과 행동, 자신에 대한 위축과 불편, 무기력을 자연스럽게 받아들이고 극복할 수 있도록 돕는 다양한 프로그램이 꾸준히 지원되고 개발될 필요성이 있다.

1
나는 무엇에 의존하는가?

나는 누구에게, 또 무엇에 의존하는가?
제시된 예시처럼 사슬의 빈칸에 단어를 적어 봅니다.

 예

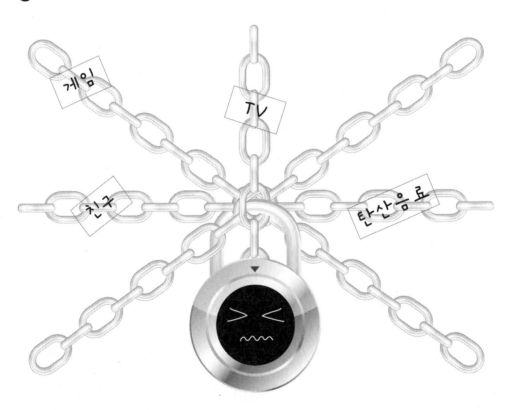

내가 의존하는 것들

내가 _____에 의존하는 이유는 무엇일까?

2
달라진 나!

내가 겪었던 가장 큰 문제/스트레스는 무엇이었나요? 그 문제를 극복하기 위해 어떤 노력을 했었나요?

나는 지금 <u>게임 중독</u>으로부터 자유롭다.

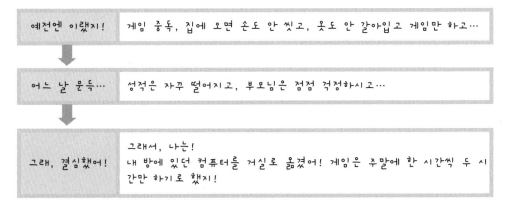

예전엔 이랬지!	게임 중독, 집에 오면 손도 안 씻고, 옷도 안 갈아입고 게임만 하고…
어느 날 문득…	성적은 자꾸 떨어지고, 부모님은 점점 걱정하시고…
그래, 결심했어!	그래서, 나는! 내 방에 있던 컴퓨터를 거실로 옮겼어! 게임은 주말에 한 시간씩 두 시간만 하기로 했지!

나는 지금 ＿＿＿＿＿＿＿＿＿＿＿＿(으)로부터 자유롭다.

예전엔 이랬지!	
어느 날 문득…	
그래, 결심했어!	

3
아르바이트 목록

내가 도울 수 있는 집안일은 무엇일까요? 그동안 해왔던 활동과 함께 앞으로 하고 싶은, 할 수 있는 일들을 떠올려 봅니다.

👆 내가 할 수 있는 아르바이트는?

집 안에서

1.

2.

3.

집 밖에서

1.

2.

3.

👆 부모님 등 가족이 반대한다면 그 이유는?

🕺 아르바이트를 반대하는 가족들을 어떻게 설득할 수 있을까요?

🕺 아르바이트를 통해 얻은 수입으로 하고 싶은 것들 또는 갖고 싶은 것들을 작성하여 봅니다.

4
궂은 날과 맑은 날

여러분은 지금 당장의 기분, 느낌, 생각을 '어떠하다'라고 잘 표현하나요? 가족이나 친구들과 마주할 때 다양한 기분을 경험해 왔겠지만, 어떤 기분인지 알아차리지 못한 채 지나왔다면 다시 돌아보고 다음 표에 담아 표현해 봅니다.

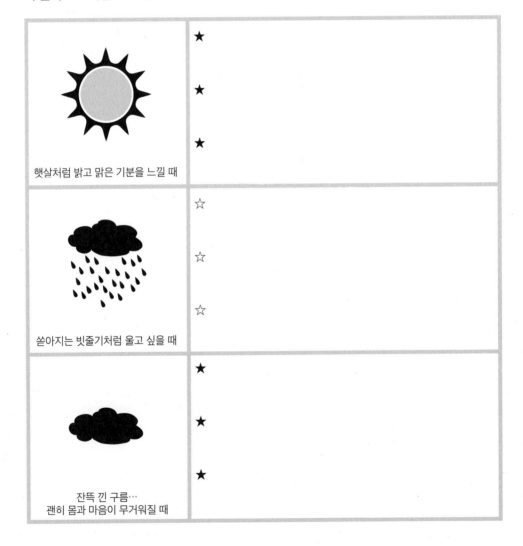

햇살처럼 밝고 맑은 기분을 느낄 때	★ ★ ★
쏟아지는 빗줄기처럼 울고 싶을 때	☆ ☆ ☆
잔뜩 낀 구름… 괜히 몸과 마음이 무거워질 때	★ ★ ★

비 온 뒤 맑게 갠 하늘,
무지개처럼 신선한 기분이 들 때

☆

☆

☆

'우르르 쾅쾅' 이유 없이 화가 날 때

★

★

★

더하지도 덜하지도 않은 보통 날씨…
보통 내 기분은 어떤가요?

5
스스로를 돌보기

한 가정의 자녀일 뿐 아니라 지역사회 및 국가에서 살고 있는 '나', 이러한 '나'는 동시에 자신의 모습을 떠올려 볼 줄 알고 스스로 말과 행동을 컨트롤하며 살아가는 개인이기도 합니다. 나는 '나'를 위해 어떤 일들을 할 수 있을까요?

부모님(양육자)과 친밀한 관계를 유지하기 위하여

예 부모님의 잔소리에 나도 모르게 '욱'하고 반항하지 않기

1.

2.

3.

또한, 스스로 자신을 돌보기 위하여

예 엄마가 깨우기 전에 알아서 일어나 학교 갈 준비하기

1.

2.

3.

👤 친구들과 친밀한 관계를 유지하기 위하여

1.

2.

3.

또한, 스스로 자신을 돌보기 위하여

1.

2.

3.

👤 (   )와/과 친밀한 관계를 유지하기 위하여

1.

2.

3.

또한, 스스로 자신을 돌보기 위하여

1.

2.

3.

6
내가 만약 혼자 살게 된다면

만일 내가 부모(양육자)를 떠나 아무런 도움이 없이 6개월간 독립하여 생활할 경우 필요한 것들에 대해 생각해 봅시다. 또한, 이러한 것들을 어떻게 스스로 해결할 수 있을지 생각해 봅시다.

🗣 잠자기 위한 곳

🗣 먹을 것

🗣 입을 것

7
성장소설 읽고 극화하기

팀별로 성장소설을 선정하여 내용을 함께 읽은 뒤 역할을 맡아 토막극으로 재미있게 표현합니다.

※ 추천 성장소설
아홉 살 인생, 위기철 지음, 2001, 청년사.
남쪽으로 튀어, 오쿠다 히데오 지음, 2006, 은행나무.
싱커, 배미주 지음, 2010, 창비.
까칠한 재석이가 사라졌다, 고정욱 지음, 2009, 애플북스.
꼴찌들이 떴다, 양호문 지음, 2008, 비룡소.
내 인생의 스프링 캠프, 정유정 지음, 2007, 비룡소.
위저드 베이커리, 구병모 지음, 2009, 창비.

🎙 내가 읽은 소설은?

제목:

🎙 줄거리를 간략히 정리해 봅니다.

💡 감명 깊은 장면은 무엇인가요?

💡 친구들과 역할 분담은 어떻게 했나요?

💡 팀에서 극화할 내용을 간략히 정리해 봅시다.

8
작은 연극

팀별로 독립/자립 생활에 관한 조사를 실시하여 그 내용을 바탕으로 작은 연극을 꾸며 보는 시간입니다. 롤플레잉(역할연기), 모노드라마 등 형식에 얽매이지 말고 재미있게 진행해 봅시다.

우리 팀에서는 어떤 내용의 연극을 준비했는지 간략히 정리해 봅시다.

팀원들이 맡은 역할을 정리해 봅시다.

세 번째 회기를 마치며…

🏃 내 나름의 정의내리기

자립은 _____ 다.

자립은 _____ 다.

자립은 _____ 다.

🏃 이행시 짓기

(자)

(립)

chapter 4

소통하는 '나'

일반적으로 사람 간 소통은 소리를 통해 의미를 전달하기 시작한 이후 그림 기호나 문자로 발전하였으며 현재까지 말하기와 글쓰기는 물론, 전자기기의 발달에 따라 영상과 이미지 주고받기로 나아가고 있다. 도구의 활용과 발달로 즐거움을 누리는 동시에 오용 위험성도 높아져 현명한 소통을 위해 노력해야 한다.

이 장에서는...

소통은 사전적으로 '서로의 견해를 막힘없이 주고받는 것'을 가리키며, 사회 속에서 사람들 간의 적응과 협력의 위한 수단으로 활용된다. 다시 말해서, 소통은 지식과 정보의 습득을 유도할 뿐 아니라 사회활동의 수단이 되는 사회 협력에 필수적인 요소라 할 수 있는데, 청소년 또래집단에서는 자신들만의 의사소통으로 은어나 문법의 테두리를 벗어난 단어들의 사용, 교환일기, 진실게임 등을 이용하기도 한다. 이는 청소년뿐 아니라 성인 집단에서도 흔히 볼 수 있는 것으로 관계를 돈독하게 하는 유대감의 표현이다.

또한, 사회·문화의 영향에 의해 생겨난 이른바 '이미지 관리능력'이라는 요소로 인해 같은 말과 행동이라도 다른 사람들에게 어떻게 보이는가가 적응과 관계 유지의 성패를 좌우하곤 한다. 따라서 좋은 이미지를 나타내기 위해 노력해야 하고 나름의 기술이나 융통성을 갖춘 사고, 외모에 관심 보이기 등 '눈치 빠른' 말이나 행동 패턴이 요구된다. 이러한 요구가 사회의 기본 단위로 일컬어지는 가정에서부터 학교 및 시설·기관에 이르는 다양한 공간에서 적절히 발현되지 못할 경우 왕따나 따돌림을 쉽게 경험하게 되며, 권위주의적인 분위기 아래 받는 상처와 압박도 점점 심해진다. 불가피한 사회생활로 오는 갈등은 결국 불화를 유발하고 대화단절을 초래하기도 하지만 이해, 조정, 합리적 해결책이 무엇인지 더 생각하게 하는 등 긍정적인 결과를 이끌어 낼 수도 있으며, 보다 어린 시기에 있는 청소년 개개인은 자아발견과 탐색, 능력개발과 유능감(有能感)의 획득, 가치의 체험을 낳는 기회가 되기도 하는 것으로 알려져 있다.

한편, 청소년은 부모와의 소통 문제 등으로 불거지는 부적응, 불안, 방어, 신체화, 난폭한 행동은 개인의 장 독립 또는 장 의존적인 인지양식 특성에 따라 다를 것이라는 견해가 있는데, 장 독립 유형은 자아를 환경이나 상황으로부터 분리하기 쉽고 판단과 행동에 있어 외부평가보다는 자신의 내적 기준에 따르는 경향이 있다. 이로 인해 일면 기세등등하게 보이기도 하지만 상대방에 대한 공감과 배려에 서투를 수 있다. 반면, 장 의존 유형은 개방적이고 협조적이면서 내·외적 판단기준에 유연한 종합적인 사고를 하는 장점이 있지만, 자아와 배경, 즉 상황으로부터의 독립된 사고방식을 키워내기 어려워 외부영향을 받기 쉬운 단점이 있는 것으로 알려져 있다. 어떠한 기질적 특성이 우세하든 청소년이 이른 시기부터 자신의 타고난 기질과 성향을 파악하려는 노력을 기울이도록 돕는다면, 청소년 각자가 사람 사이의 상호작용을 더 잘 이해하고 유능한 느낌을 얻는 데 도움이 될 것이다. 자신의 생각과 느낌을 표현하며 소통을 시도하는 청소년은 자신을 긍정적으로 인식할 기회 및 옳고 그름을 판단할 수 있는 생활경험도 늘어나 우울과 자살 충동에 대해서도 보다 바람직하게 대처할 수 있을 것이다.

결론적으로, 타인과 소통을 함으로써 얻는 효과적인 대인관계는 안정적이고 유연하며 일관된 감정 표현에서 비롯되고, 충동적이고 부정적인 정서를 조절하여 이루어지는 편안한 소통에 의해 극단의 우울, 사회적인 자살문제 예방에도 도움이 되는 만큼 청소년들을 위한 유익한 프로그램과 자원의 제공, 각종 매체를 통한 지원과 격려를 아끼지 않도록 하는 것이 궁극적으로 추구해야 할 목표이다.

1
자주 사용하는 말

내가 자주 사용하는 말은 무엇인지, 가족이나 친구들이 자주 사용하는 말은 어떤 것들이 있는지 살펴보는 시간입니다.

📢 평소의 나는, 어떤 때에 어떤 표정으로 어떤 말을 자주 하는지 생각해 봅시다.

※ 표정을 직접 그려 보세요.

🎺 가족이나 친구 중에서 누가 어떤 말을 자주 사용하는지 생각해 봅시다. 동그라미 공간에는 그 사람
이 그 말을 할 때 짓는 표정을 떠올려 그려 봅니다.

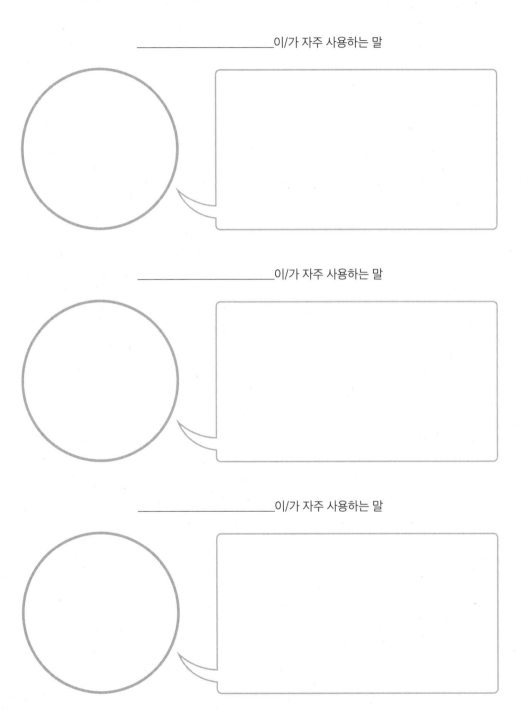

_____이/가 자주 사용하는 말

_____이/가 자주 사용하는 말

_____이/가 자주 사용하는 말

2
나는 그때 왜 그랬을까

친구와의 대화에서 대화가 잘 안 된다고 느낀 때를 떠올려 봅시다.
어떤 말을 주고받았습니까?

📢 그때 그 친구는 왜 그런 말을 했을까요? 친구의 기분은 어땠을지 생각해 봅시다.

📢 그때 나는 왜 그런 말을 했을까요? 다시 그 상황으로 돌아간다면 어떻게 이야기할 수 있을까요?

3
이런 말을 하고 싶었어요!

부모님, 선생님 등 어른들과의 대화에서 답답함을 느꼈던 때를 떠올려 봅시다. 말대꾸한다는 소리를 듣기 싫어서 참았던 때는 언제였나요? 다시 그 상황이 된다면 나는 어떻게 말하는 것이 좋을지 생각해 봅시다.

📢 나는 그때 이렇게 말했다.

"   "

📢 나는 그때 어떻게 말하고 싶었나요? 혹은 하고 싶었지만 하지 못했던 말은 무엇인가요?

"   "

📢 같은 상황이 반복된다면 나는 어떻게 이야기하는 것이 좋을까요?

"   "

4
이럴 땐 이런 감정

때로는 내 기분을 말로 표현하기 어려울 때가 있습니다. 조금 후회되거나 아쉬웠던 말/행동 등을 떠올려 보고 그때 나의 말에 대해 다시 생각해 봅시다.

예 언제? 학원에 가지 않고 엄마 몰래 친구들이랑 가요 프로그램 녹화장에 갔다가 엄마한테
걸려 혼이 났다. 엄마는 앞으로 그런 데도 가지 말고, 텔레비전도 보지 말라고 하셨다.

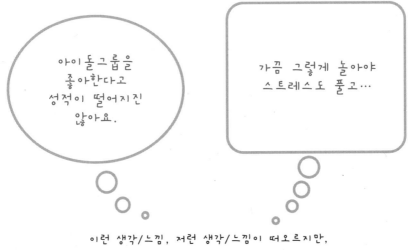

아이돌그룹을
좋아한다고
성적이 떨어지진
않아요.

가끔 그렇게 놀아야
스트레스도 풀고…

이런 생각/느낌, 저런 생각/느낌이 떠오르지만,

앞으로는 안 그럴게요

라고 말했다.

왜? 더 잔소리 듣기 싫어서

언제? _____

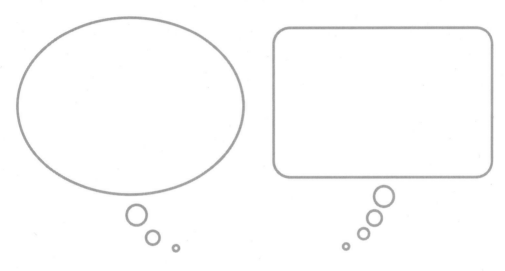

이런 생각/느낌, 저런 생각/느낌이 떠오르지만,

라고 말했다.

왜?_____

5
상호작용 체크리스트

가족 또는 나와 시간을 함께 보내는 사람들을 떠올립니다. 그들의 말, 행동 습관들을 떠올려보고 나에게 어떤 느낌을 주는가 생각해 봅니다.

번호	인물	언제	어떤 행동과 표정으로 대하는가?	상대방의 표정	나의 표정
예	엄마	아침	빨리 일어나!	☹	☹
1.					
2.					
3.					
4.					
5.					
6.					
7.					
8.					
9.					
10.					

6
공 주고 받기

2인 1조로 짝이 되어 서로 공을 던지고 받으며, 정확한 의사소통의 중요성을 인식해 봅니다.
둘만의 신호를 만들어 진행합니다.

진행의 팁
① 신문지로 뭉친 종이공을 활용할 수 있다.
② 시작 신호는 진행자가 하되, 인원이 홀수인 경우 남은 1명에게 시작 신호를 대신하도록 한다.
③ 공을 주고받으며 즐거운 기분을 느낄 수 있도록 신나는 음악을 준비한다.
④ 진행자나 다른 친구가 두 사람의 활동 모습을 영상으로 담아 이후에 함께 보며 이야기를 나누어 본다.
⑤ 활동을 마무리하며 각자 느낀 점을 발표할 수 있도록 한다.

함께한 짝의 얼굴을 그려 봅시다

이름(별칭) _____

🎺 나와 함께한 짝을 여러 친구들에게 소개해 봅시다(성격, 특징, 습관 등).

🎺 짝과 호흡이 잘 맞는다고 느꼈던 때는 언제였나요?

🎺 호흡이 잘 맞지 않는다고 느꼈던 때는 언제였나요?

🎺 다음에 더 잘하기 위해 서로 의견을 나누고 격려하는 시간을 갖습니다.

7
말 없이 표현하기

제시된 속담이나 문구, 단어 등을 자신의 팀 친구들에게 몸짓과 그림으로만 설명하여 맞추도록 합니다.

진행의 팁

① 진행자는 프로그램 전에 미리 다양한 속담이나 문구 등을 적은 쪽지를 만들어 게임이 진행될 수 있도록 준비한다.

② 팀원 중 한 사람이 쪽지를 뽑아 몸짓으로 설명을 하면, 그 다음 사람이 이어받고, 또 그 다음 사람이 이어받아 마지막 사람이 답을 맞힐 수 있도록 진행한다.

8
내 마음 전달하기

감정을 표현하는 단어들을 한 사람이 몸짓으로 표현하고 나머지 팀원들이 맞혀보는 시간입니다.

진행의 팁
진행자는 활동에 앞서 다양한 감정표현 단어들을 카드로 준비합니다.

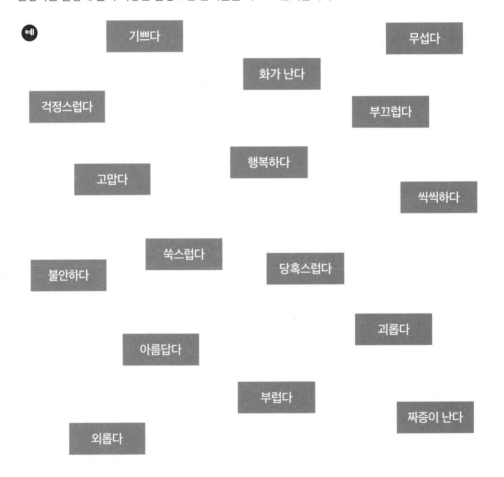

예

기쁘다

무섭다

화가 난다

걱정스럽다

부끄럽다

행복하다

고맙다

씩씩하다

쑥스럽다

당혹스럽다

불안하다

괴롭다

아름답다

부럽다

짜증이 난다

외롭다

네 번째 회기를 마치며…

 내 나름의 정의내리기

소통은 _____ 다.

소통은 _____ 다.

소통은 _____ 다.

 이행시 짓기

 소

 통

MEMO

chapter 5.
협력하는 '나'

이 장에서는 개인이 자신의 역량을 충분히 발휘함과 동시에 사람들과의 협력
속에서 홀로 해결하기 힘든 일들을 성공적으로 완료하는 방법을 익히도록 하
는 활동에 초점을 맞추었다. 공동체 활동 과제를 수행함으로써 최선을 다하는
모습과 태도가 얼마나 중요한지 깨닫도록 한다.

이 장에서는...

청소년기는 여러 생활 영역, 즉 가정, 학교, 동아리, 또래집단, 지역사회, 국가의 울타리 안에서 변화를 겪는다. 신체적으로는 호르몬의 변화가 뚜렷해지고, 인지적인 측면에서 사고와 논리를 더할 수 있으며, 사회적으로는 친구 맺기와 지역사회 참여를 통해 새로운 관계와 역할들을 만들어 가는 시기이다. 무엇보다 발달상 신체 및 심리적 변화가 큰 청소년은 내·외적으로 고민이 많고 스트레스에 노출되기 쉬우므로 양육자를 비롯한 교사, 또래 등 관계에서 심각한 갈등도 초래하는데, 기질에서 드러나는 또래와의 상호작용이나 타인에 대한 민감한 의식, 자기중심화 경향 등이 문제를 더욱 가속화할 수 있다. 특히, 사회적 상호작용 역량을 알아보는 국제 규모의 한 설문 결과, 한국의 청소년들이 협력과 관계지향 부문에서 매우 낮은 점수를 보인 것으로 알려져 대학입학만을 목표로 하는 학생과 학부모들의 인식변화가 요구되고 있다.

청소년이 사회적 지지와 지원을 얻고자 적극적으로 행동하는 모습은 건전한 심리발달에 기여하고 사회지원망(social support network)을 형성하도록 돕는다. 흔히 갈등해결 유형은 협력형, 공격형, 회피형의 3가지로 구분되는데, 그 중 사회적으로 우선시되는 유형인 협력형은 '새로운 해결방안을 찾는다', '여러 조언을 듣고자 노력한다', '해결점을 찾기 위해 생각한다', '타협점을 찾으려 노력한다', '또래의 말을 듣고 이해하려 한다' 등의 특징을 보인다. 즉, 협력유형의 기질 청소년은 또래와의 반복되는 협력경험이 자기개념을 확고하게 할 뿐 아니라 덜 충동적이며 공동체 의식함양과 이타성 수준이 더욱 높아지기 마련이다. 이와 같은 결과들을 볼 때, 청소년들이 사회의 구성원으로서 역할을 하게 하고 균형을 갖추어 성장하도록 하는 과정 중심의 교육활동이 필수 불가결함을 확실히 알 수 있다. 청소년은 다양한 프로그램과 체험활동을 통해 협력을 배워야 하며 목표설정, 문제해결, 사회적 도움 찾기와 같은 내용들도 역시 포함되어야 할 것이다.

한편, 경쟁이 아닌 상호 협동을 강조한 청소년 활동 프로그램은 청소년의 사회적 행동을 증진시키고 공동의 목표로 인해 긍정적인 반응을 많이 유도해낼 수 있으며, 구성원의 협력과 관계 중심의 사회연계활동은 청소년의 발달과 적응에 중요한 역할을 할 것으로 보인다.

1
나에게 주어진 역할

가정, 학교 또는 다양한 활동 공간에서 내가 맡은 일들은 그 공간에 따라 조금씩 달라질 수 있습니다. 내가 맡은 일은 무엇인지를 정리하며, 그 공간의 구성원들이 나에게 갖는 기대는 무엇인지도 함께 생각해 보는 시간입니다.

집에서 나는

학교에서 나는

기타 다른 모임에서 나는

2
이미지 집 짓기

두 사람이 작은 오두막을 지으려고 합니다. 오두막을 짓기 위해 필요한 커다란 통나무를 함께 옮기기도 합니다. 주변에는 수풀이 우거져 있고 눅눅한 습지대도 눈에 띄네요.
원하는 지점까지 통나무를 옮기기 위해 고려해야 할 점은 무엇인지 주고받게 될 대화 내용은 무엇인지 상상해 봅시다.

 통나무를 함께 옮길 때 예상할 수 있는 어려움에는 어떤 것들이 있을까요?

> **예**
>
> 옮기는 도중 통나무를 놓칠까 봐 겁이 난다.
> 오가는 길에 있는 수풀들 때문에 살이 베일 것 같다.
> 친구가 나보다 힘을 덜 쓸 것 같다.

1.

2.

3.

 함께 일하는 친구를 격려하고 스스로 힘을 내기 위해 어떤 말을 할 수 있을까요?

> **예**
>
> 조금만 더 힘을 내자.
> 우리가 함께하면 금방 끝낼 수 있을 거야.

1.

2.

3.

3
내가 팀을 꾸린다면

야구, 발야구, 피구, 농구, 축구 등 다양한 단체 운동을 한다고 가정하고 팀을 꾸려 보는 시간
입니다. 한 종목을 정해서 각자 자신이 감독이 된 것처럼 친구들의 역할을 정해 봅니다.

🏃 내가 정한 종목은?

🏃 정해진 종목의 규칙들을 설명해 봅시다.

🏃 각자의 포지션을 적어보거나 그림으로 그려 봅시다.

♟️ 친구들은 정해진 포지션에 만족하나요? 만약 정해진 포지션에 반대하는 친구가 있다면 어떻게 설득할지 생각해 봅시다.

♟️ 내가 정한 포지션대로 경기를 한다면 어떤 결과가 나올까요?

4
해야 할 일과 하지 말아야 할 일

단체생활에서는 가시적 혹은 비가시적으로 일종의 규율이 존재합니다. 각각 내가 해야 할 일과 하지 말아야 할 일은 무엇인지 생각해 보고 아래 표에 적어봅니다.

집에서	학교나 소속 기관, 단체에서
예 아침 시간, 엄마가 깨우면 바로 일어나 씻고 등교 준비를 한다.	**예** 0시 00분까지는 학교에 도착해야 한다.
	예 반드시 교복을 입는다.

5
우리는 지금 한마음

팀별로 '우리는 지금 한마음'이라는 큰 주제를 두고 함께 콜라주 작품을 만들어 보는 시간입니다.

진행의 팁
① 잡지나 신문 등 다양한 재료를 오려 붙이는 콜라주 형식을 활용하도록 한다.
② 각자 집에 있는 재활용품이나 주변 환경에서 얻을 수 있는 나뭇잎도 작품 위에 얹어 다양하게 표현할 수 있도록 한다.

┌─ **도안 그리기** ─────────────────────────────

6
일개미 간식수송 작전

나무젓가락으로 볼 모양의 쿠키나 콩을 옮겨 봅시다. 어느 팀이 빠르게, 손발을 척척 맞추어 이동하는지 볼까요?

진행의 팁
① 팀별로 안거나 선 채로 자리를 잡도록 한다.
② 과자나 사탕을 종착지까지 온전하게 옮길 수 있도록 한다.
③ 종이를 벗어나거나 젓가락에서 놓치는 경우 감점 등을 적용할 수 있다.
④ 한 팀이 수행할 때 다른 팀들은 적당한 방해를 하며 집중력을 흐트러뜨리게 한다.

👥 나와 함께한 친구들을 소개해 봅니다.

👥 팀원들과의 호흡은 어땠는지 이야기를 나누어 봅시다.

7
풍선 공중부양

팀별로 나누어준 풍선 또는 공 등을 서로의 협력으로 떨어뜨리지 않도록 합니다.
시간을 재거나 한 팀이 나와 공을 옮기는 횟수(각 사람의 손을 거치는 횟수)를 함께 외쳐 줍니다.

진행의 팁
① 4~6명이 한 팀이 되도록 꾸린다.
② 팀원이 모두 한 번 이상 풍선/공을 받아 올릴 수 있도록 한다.
③ 미리 정해진 개수를 채워 시간을 재도록 하거나, 일정 시간 동안 몇 번을 받아 올렸는지를 센다.
④ 미션을 성공한 경우 상품을 제공하거나 1등 팀에게 상품을 제공한다.

👥 나와 함께한 **팀원들**을 소개합니다.

👥 활동을 통해 느낀 점을 서로 나누어 봅시다.

8
함께하는 도미노 게임

팀별로 원하는 주제를 가지고 도안을 만든 후 도미노 게임을 직접 진행해 보는 시간입니다. 도미노 게임이 끝난 뒤에는 서로 느낀 점을 말하는 시간을 가져 봅니다.

진행의 팁
① 진행자는 도미노를 진행할 수 있는 공간을 확보한다.
② 의미 있는 문구나 그림 등이 나올 수 있는 도안 및 도미노 칩이 미리 준비될 수 있도록 한다.
③ 가능하면 도미노 활동이 담긴 교육용 영상자료를 미리 찾아 보여준다.

👥 우리 팀의 도미노 주제는?

┌─ 우리 팀의 도미노 도안 ─────────────────────┐
│   │
│   │
│   │
│   │
│   │
│   │
└──┘

♔ 나와 함께한 팀원들을 소개합니다.

♔ 도미노 게임을 진행하면서 어려웠던 점은 무엇인가요?

♔ 함께 게임에 참여한 친구들에게 해주고 싶은 말은?

다섯 번째 회기를 마치며…

👥 내 나름의 정의내리기

협력이란 _____ 다.

협력이란 _____ 다.

협력이란 _____ 다.

👥 이행시 짓기

MEMO

MEMO

chapter 6.
봉사하는 '나'

일은 물질적인 노동의 대가가 수반되기도 하지만 동시에 마음의 안정과 풍요를 안겨주기도 하며 심지어 치료의 효과까지도 볼 수 있다고 한다. 봉사활동에 직접 참여해 봄으로써 일의 보람과 세상에 대한 바람직한 인식을 키우는 계기가 만들어지도록 하는 것이 중요하다.

1	**집에서 내가 도울 일들은?**	흔히 가족을 최소단위의 사회라고 한다. 집 안에서부터 타인들에게 도움이 되는 일을 찾아봄으로써 베풂과 나눔의 즐거움을 느껴볼 수 있도록 한다.
2	**내가 그리는 동네 구석구석: 도울 일 어디 없나~?**	지역사회에서 내가 할 수 있는 일을 찾아보는 시간이다. 이 시간을 통해 그동안 몰랐던 우리 동네 구석구석의 또 다른 모습을 볼 수 있다.
3	**내가 아는 '봉사자'**	유명인사나 주변 사람들 중 봉사활동을 실천하고 있는 사람에 대해 찾아보는 시간이다. 이를 통해 막연하고 추상적으로 생각했던 봉사활동의 내용을 구체화할 수 있다.
4	**봉사의 의미 찾기**	봉사의 의미를 나름대로 정의해 보고 표현해 보는 시간이다.
5	**내가 하고 싶은 봉사활동**	다양한 봉사활동을 찾아보고 직접 체험하면서 봉사활동의 의미를 느껴본다.
6	**봉사 관련 포스터 만들기**	봉사로 느끼는 즐거움과 기쁜 감정들을 표현한 포스터로 봉사의 의미를 알린다. ※ 준비물: 포스터 종이류, 필기구 및 색칠도구 등
7	**'봉사의 기쁨' 홍보 영상 만들기(group mission)**	팀별로 영상을 제작하여 봉사활동 참여 후의 느낌을 서로 공감하고, 공유한다. ※ 준비물: 카메라, 스마트폰 등 영상 촬영도구, 개성 있게 표현할 수 있는 소품들
8	**더 넓은 세상으로 나아가기 (group mission)**	최근에는 청소년들도 국제개발 활동에 참여하는 경우가 늘어나고 있다. 당장 참여하기는 어렵더라도 더 넓은 세상을 살펴보는 시간을 가져 본다.

이 장에서는...

봉사는 자신과 더불어 타인을 위해 시간과 노력을 쏟는 것으로 자발적인 봉사활동은 타인이나 사회에 대한 기본적인 관심으로부터 시작된다고 볼 수 있다. 봉사활동은 우선, 인간의 소중함과 가치에 대한 확신, 다음으로 잠재적 능력들에 대한 기대와 신념, 기본욕구와 개별성을 지닌 인간의 기본 성격을 인정하는 것 등에 그 의미를 부여하고 있다.[1]

봉사는 단순히 타인에게 도움을 주는 것만이 아니라 개인의 역량개발과 심리적 만족으로 인한 행복감의 통로가 될 수 있으며, 넓게는 지구촌이라 불리기도 하는 세계화 추세에 적응하는 평화 수호의 역할을 수행하는 것이기도 하다. 국제개발 활동을 펼치는 기구들은 봉사에 대해 지역, 국가, 지구촌을 위한 베풂이고 최소의 금전적 보상으로 참여 자체에 의의가 있는 일임을 강조하며 청소년 봉사, 시민 봉사, 봉사학습, 사회봉사, 지역봉사, 어르신 봉사, 국가봉사, 자원봉사, 군 봉사 등 다양한 봉사 유형을 제시하고 있다. 이 가운데 청소년 봉사는 정보 사회에 이르러 청소년의 인권을 존중하고 책임을 부여하는 국제적 분위기와 인성교육 차원에서 지식을 쌓는 일에 더불어 사회활동을 촉진시키고자 하는 새로운 인식으로 활성화되고 있다. 이에 따라 교육과 복지에 관한 관점의 변화도 시작되었는데, 보고 느끼며 이해하는 체험학습, 비판적 사고와 창의적 사고를 유도하는 문제해결학습 등의 실천 위주 학습의 의미가 강화되었다. 이른바 봉사학습은 학교에서 배우는 교과내용을 지역사회활동과 통합시켜 활용하는 가르침과 배움의 형태이며, 지식을 만들어 내고 전달하며 함께 익히는 것이다. 일부 외국 대학들은 이와 같은 봉사학습이 학생들의 반성적인 사고활동을 촉진시킬 뿐 아니라 학문에 대한 책임감을 깨닫도록 하므로, 가르치고 배우면서 이들 자신은 물론 지역사회 구성원들의 상호작용 및 변화를 유도할 수 있음을 강조하기도 한다.

1
집에서 내가 도울 일들은?

내가 살고 있는 집을 보이지 않던 곳까지 스케치한 후 집안 여기저기 내 손으로 할 수 있는 일이 무엇이 있는지 생각해 봅시다.

★1. 식사하기 전 식탁을 정리하고 수저를 챙겨 놓는다.
★2. 내 방은 내가 청소한다.

우리 집

내 손길이 필요한 곳은?

2
내가 그리는 동네 구석구석
: 도울 일 어디 없나~?

내가 살고 있는 동네를 그려 봅니다. 지도 위에 내가 자주 다니는 길을 표시하고 혹시 내가 할 수 있는 일은 없는지 생각해 봅시다.

예

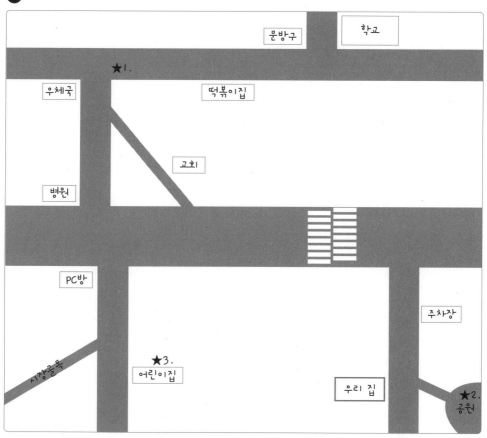

★1. 움푹 패인 보도블럭은 사고가 날 수 있으니 조치를 하도록 관할 기관에 알려준다.
★2. 집 앞 골목으로 이어진 공원에 운동을 가면 깨진 유리조각 등 쓰레기를 줍는다.
★3. 옆집 꼬맹이가 다니는 어린이집, 가끔 집에 데려다 주고 같이 놀아준다.

내 손으로 그려본 우리 동네

내 손길이 필요한 곳은?

3
내가 아는 '봉사자'

.

책이나 언론매체를 통해 소개된 사람이나 주변 사람들 가운데 존경할 만한 봉사자를 떠올려 보고 그 인물에 대해 탐구해 보는 시간입니다.

🚶 이름, 나이, 하는 일 등 인물에 대해 간략히 소개해 봅시다.

이름:

나이:

직업:

이 인물을 알게 된 계기는 무엇입니까?

선택한 인물이 봉사를 시작한 계기는 무엇인가요?

선택한 인물이 참여했던 봉사활동들에 대해 설명해 봅시다.

선택한 인물이 봉사활동을 하면서 느낀 점은 무엇이었나요?

4
봉사의 의미 찾기

앞서 진행한 활동에 이어 봉사에 대해 생각해 보는 시간입니다.

🚶 봉사활동의 의미를 생각해 봅시다.

🚶 봉사활동을 통해 내가 줄 수 있는 것은 무엇일까요?

🚶 봉사활동을 통해 내가 얻을 수 있는 것은 무엇일까요?

내가 생각하는 봉사활동의 이미지를 직접 그려 보거나 콜라주 등의 방식으로 표현해 봅시다.

5
내가 하고 싶은 봉사활동

주변 사람들에게 추천받은 봉사활동이나 인터넷 검색 등을 통해 관심을 갖게 된 봉사활동 등을 목록으로 만들고 자신에게 적합한 것을 선택하여 직접 봉사활동을 실시해 봅니다.

진행의 팁
① 진행자는 되도록 다양한 봉사활동을 소개하고, 각자 매력을 느끼는 봉사활동에 대해 자세히 조사해 올 수 있도록 지도한다.
② 1365 자원봉사 사이트(www.1365.go.kr)는 전국의 자원봉사 관련 자료가 안내되고 있는 사이트로 안전행정부에서 운영하고 있다.

다양한 종류의 봉사활동이 이루어지고 있습니다. 어떤 활동들이 진행되고 있는지 되도록 다양하게 많이 찾아보고, 구체적으로 어떤 일을 하는지도 알아봅시다.

1.

2.

3.

4.

5.

6.

7.

8.

9.

10.

👫 내가 선택한 봉사활동은 무엇인가요?

👫 그 봉사활동을 선택한 계기는 무엇인가요?

👫 봉사활동을 하면서 즐거웠던 일, 어려웠던 일들을 이야기해 봅시다.

👫 봉사활동을 마친 소감 한 마디.

6
봉사 관련 포스터 만들기

앞서 진행한 봉사활동을 토대로 포스터를 만들어 보는 시간입니다. 봉사의 기쁨, 함께하는 봉사 등 봉사활동과 관련된 다양한 주제로 표어를 정하고 주제에 맞게 그림을 그려 봅니다.

👥 내가 표현하고 싶은 주제는?

👥 내가 정한 표어는?

👥 포스터를 그리기 전 간단한 스케치를 해봅시다.

7
'봉사의 기쁨' 홍보 영상 만들기

팀별로 봉사를 주제로 한 영상을 만들어 봅니다.
웹에 게시하여 서로의 의견을 댓글로 주고받거나 활동실 내 텔레비전 화면을 통해 함께 보고
느낀 점을 말해 봅니다.

👫 홍보 영상에 담고 싶은 주제, 내용은 무엇인가요? 다양하게 의견을 나누어 본 후 정리해 봅니다.

👫 영상을 본격적으로 제작하기에 앞서 간단한 스토리보드를 만들어 봅시다.(※ 스토리보드란, 영상의
흐름을 이해하기 위해 핵심적인 아이디어나 장면을 그림으로 표현한 것이다.)

8
더 넓은 세상으로 나아가기

세상에는 우리의 손길을 필요로 하는 곳이 많이 있습니다. 이 시간에는 국제개발 활동을 펼치는 단체들이나 국제봉사에 참여한 사람들의 이야기를 팀별로 조사하여 함께 이야기를 나누어 봅시다.

※ 국제개발 및 국제봉사 활동 단체들
굿네이버스, 세이브더칠드런, 유니세프, 월드비전, 지구촌공생회, 국제워크캠프기구, 밀알복지재단, 한국국제협력단(KOICA) 등

※ 관련 도서들
열여덟, 봉사활동을 말하다, 공미은 지음, 2008, 미성문화원.
미친 고3 해외봉사 도전기(1~3권), 2006, 2007, 2008, 미성문화원.
세상에서 가장 이기적인 봉사여행, 손보미 지음, 2011, 쌤앤파커스.

여섯 번째 회기를 마치며…

 내 나름의 정의내리기

봉사는 _____ 다.

봉사는 _____ 다.

봉사는 _____ 다.

 이행시 짓기

(봉)

(사)

chapter 7.
세계를 알아가는 '나'

세계에 대해 아는 지식은 개인의 관심 정도에 달려 있으므로 청소년이 자신의
시각을 넓고 크게 할수록 더 많은 이해와 관점이 생겨날 것이다. 이 장에서는
세계의 중심에 서 있는 청소년이 자신을 인식하고 여러 나라의 문화와 정보를
알아보는 활동을 진행한다.

이 장에서는...

사회 속 개인은 관계 형성을 통해 자신과 타인을 인식하고 세상을 이해하기 시작하는데 이러한 인지적 활동은 성장의 자양분이며, 토양처럼 밑바탕에 깔린 인식의 차이는 곧 사회문화와 맥락으로 맺히는 꽃과 열매의 모습이 다양하다. 청소년기에 형성되는 관계의 유형과 변화는 발붙인 현실세계에 대한 적응 정도를 가늠하게도 하며, 사회와 조직 속에 존재하는 개인이라면 성장을 위해 적극적으로 관계 맺기에 나설 것이다.

한편, 교육학자인 Dewey는 학교와 같은 공동 학습기관은 민주주의를 배울 수 있는 장소이고 소소하게 쌓아갈 수 있는 크고 작은 일화들로 인해 더 큰 사회에 적응할 수 있는 밑거름 역할을 하기도 하며, 바다와도 같은 넓은 삶을 향해 자체가 배움의 목적이고 그 과정은 다시 조직되거나 지속적인 변형으로 성장과 발달이 이루어진다고 하였다.

많은 사람이 수평적 관계로 네트워크화하여 공동체 내 체육, 문화나 여가, 시민 활동 등에 참여하는 나라일수록 건강한 민주주의가 정착될 수 있다는 학자[2]도 있지만, 청소년이 건전한 또래 관계를 형성하고 올바른 심성을 함양하여 시민의식을 갖추고 정책적으로 체육이나 문화 활동 등에 참여하는 것은 당연히 권장해야 할 활동일 것이다. 세계화와 민주적인 시민의식을 필요로 하는 지금의 시대는 민주주의의 이해와 실천은 물론 인권이 강조되는 국제 분위기를 바탕으로 개인으로서는 외부 압력이 없는 평화롭고 편안한 마음의 하루살이가 교육의 주된 목표가 된다. 타인과 나의 권리를 알고 존중하는 태도는 책임감을 키우고 공동체 의식을 발현시키며 사회적인 문제까지도 해결해 나아가는 기본 토대로 작용한다. 국제적으로도 청소년 시민의식 고양과 사회참여의 일환으로 봉사활동을 적극 유도하고 있으며 이제는 청소년을 '불안정하고 무지한', '수동적인' 대상이 아니라, 지구촌[3] 시민이며 독립된 인격체를 지닌 사회 구성원으로 역할하게 하고 자율적인 판단과 책임의 의무는 물론, 인권을 주장할 수 있는 존재로 인식이 변화되어야 할 것이다.[4] 또한, 인권에 관한 정확한 이해로 인권이 개인만의 권리를 우선하는 것이 아닌 타인 권리에 대한 균형감각과 감수성의 발전임을 충분히 인식하여야 한다. 인권과 더불어 인간으로서 누릴 기본적 자유에 대해 가르치는 것은 국가, 민족, 인종과 종교에 대한 관용을 배우고 국제 평화를 유지하는 지름길이기도 한데, 이러한 국제이해교육은 2000년대 이후 국제협력교육이라는 용어로 함께 살아가는 삶의 중요성을 더욱 분명히 강조하고 있다. 20세기까지 전쟁과 이념 대립이 끊임없이 이어져 왔으나 이제 21세기는 전 세계인의 안전한 삶을 위한 새로운 조화와 상생으로 인류사회의 공동체 의식을 추구하는 세상이 올 것으로 예상되고 있다. 결과적으로 인권에 대하여 가르치는 일은, 일부 사람들이 자신의 권리는 인식하나 타인 및 집단에 대해 차별이나 무시를 하는 경향을 바로잡고 옳고 그름에 대해 배우는 것이며 이를 통해 사회가 보다 평등하고 관용하여 평화를 유지하도록 하는 활동이기도 하다. 인권교육 활동을 강화하는 것은 개개인의 인권 인식과 삶의 질 향상, 사회 참여와 통합, 인류 평화의 개척과 유지에 기여할 것이다.

외국 인권교육 사례를 살펴보면, 프랑스의 경우 학교폭력 대응방안으로 민주적인 토론과 사회교육의 일환으로 인권교육이 시작되었는데 사회와 국가 차원의 안목으로 소외 계층대상 봉사, 국제기구와 연합에 대한 관심, 인종 차별 반대, 전 세계적 연대활동을 강조하는 것이 특징이다. 독일은 청소년의 사회적 이해관계 인식과 정치관련 논쟁과 참여를 독려하고 있으며 이를 통해 사회적 통합, 이주민과 남녀평등, 폭력, 환경 등의 문제들을 토론하고 이해하도록 함으로써 민주주의와 인권존중의 태도를 갖추는 데 주력하고 있다. 미국은 사회 구성원들의 네트워크화로 온라인의 적극 활용, 프로그램의 개발과 실행, 훈련에 초점을 맞추고 있으며 한국도 유사하게 인권교육센터와 인권가이드라인 자료, 교과 활용 등을 중심으로 전개되는 추세임을 직시해야 할 것이다.

1
소중한 나, 너, 우리

우리는 각자 피부색, 머리카락색, 얼굴모양 등 다양한 겉모습과 동시에 보이지 않는 여러 감정과 생각의 내면조각들을 품고 있습니다. 그러나 지금 이 시간에는 오직 한 가지, '우리는 인생의 더 나은 가치를 추구하며 생각을 공유할 수 있다'는 느낌을 경험해 봅니다. 팀별로 원 모양을 만들어 서서 진행자의 수신호에 따라 빠르게 움직여 네모, 삼각형 등의 다른 형태를 만들며 서로의 생각과 차이를 넘어 모두 한마음, 한 뜻이 되어 보는 시간입니다.

진행의 팁
① 미리 팀의 형태와 수신호를 익히거나 만들어 둔다.
② 예를 들어, 진행자가 손가락 1을 네모 모양, 2를 마름모꼴 등으로 정하여 학생들에게 그림으로든 설명으로든 알려준다.
③ 손 모양을 하트로 하여 하트 모양을, 세모 모양을 만들어 보여주어 세모 형태의 모둠 모양을 만들게 하는 등 다양한 생각을 펼칠 수 있다.

2
나의 특별한 친구

내가 만났던 다문화 친구, 외국인 친구, 새터민 친구들에 대해 이야기해 보는 시간입니다. 좋았던 일, 재밌었던 일부터 불편했던 일, 의사소통의 어려움을 겪었던 일 등을 다양하게 풀어 봅시다.

3
세계 곳곳에 대해 얼마만큼 아는가?

세계지도를 보며 나라 이름, 유적지, 유명한 인물, 그 나라의 상황 등 자신이 알고 있는 정보를 적어 봅시다.

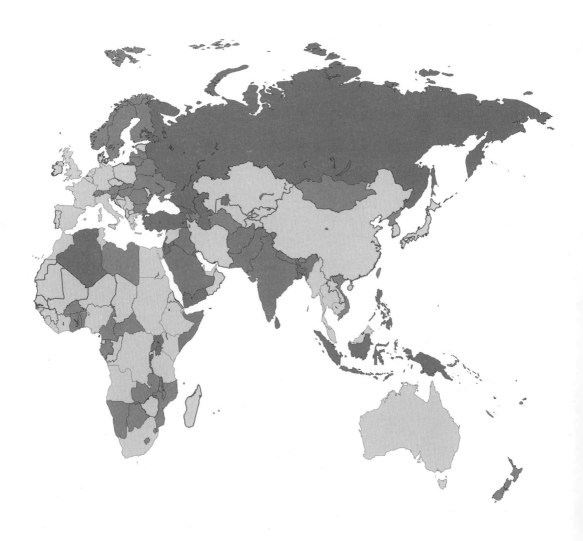

4
한 번쯤 가보고 싶은 나라

드넓은 세계. 내가 가보고 싶은 나라가 있나요?
가보고 싶은 곳을 생각해보고 그 중 한 곳을 골라 친구들에게 소개해 보는 시간입니다.

진행의 팁
미리 숙제를 내어 준비해 오도록 하거나 읽을거리 자료를 제공하는 것이 진행에 도움이 됩니다.

🏛 내가 가보고 싶은 나라 혹은 지역은?

지역	가고 싶은 이유

내가 가고 싶은 나라들 중 한 곳을 정하여 그려 보자.

나라 이름: _____

🏃 왜 이 나라에 관심을 갖게 되었나?

🏃 이 나라의 문화, 역사, 특징들을 소개해 봅니다.

🏃 그 나라에서 특별히 관심을 갖게 된 도시나 건물, 유적지 등에 대해서도 이야기해 봅니다.

5
세계의 청소년, 세계의 학교

다른 나라의 청소년들은 어떤 모습일까?
앞서 내가 선정한 가보고 싶은 나라의 청소년들은 어떤 환경에서 공부하는지 조사해 보자.

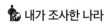 내가 조사한 나라

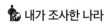 이런 점은 부럽다.

1.

2.

3.

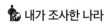 이런 점은 그래도 우리 학교가 좋다.

1.

2.

3.

 만약 내가 그 나라, 그 학교에 가게 된다면?

6
함께 고민할 문제

환경(온난화, 물 부족 등), 핵, 분쟁지역, 인종차별, 기아, 난민 등의 문제는 특정 국가만의 문제가 아닌 전 세계인이 함께 고민해야 할 주제들입니다. 이 시간에는 이러한 문제들 중 하나를 선택하여 자신의 생각을 발표해 봅니다.

👤 내가 관심을 갖게 된 주제는?

👤 그 문제에 대한 나의 생각을 정리해 봅시다.

👤 이러한 문제를 해결하기 위해 내가 할 수 있는 작은 실천에는 어떤 것들이 있을까요?

7
다른 나라 문화 이해하기

팀별로 나라를 정한 뒤 그 나라의 특색과 문화를 보여줄 수 있는 그림을 함께 그리거나 토막
극을 만들어 발표합니다.

8
우리의 것 바로 알기

세계의 친구들에게 우리나라를 소개해 보는 시간입니다.
팀별로 한국의 문화, 음식, 역사, 관광지 등 한 가지 주제를 정해 발표해 봅시다.

🏃 우리가 선정한 주제는?

🏃 발표할 내용의 구체적인 개요를 작성하고, 각자 조사할 내용을 분담합니다.

9
미래 팀 여행

지금의 팀 구성원이 함께 여행할 미래의 목적지를 정하여 계획해 봅니다.
큰 종이 위에 해당 국기를 그리고 마인드 맵 형식 등을 이용하여 다양하게 표현합니다.

일곱 번째 회기를 마치며…

🎎 내 나름의 정의내리기

세계는 _____ 다.

세계는 _____ 다.

세계는 _____ 다.

🎎 이행시 짓기

(세)

(계)

chapter 8

미래를 향한 '나'

청소년이 사회에 잘 적응하도록 돕는 다양한 방법들 가운데 한 가지는 자신의
삶에 대한 긍정적 인식을 가지고 앞날에 대한 기대와 목표를 구체화하는 일을
가르치는 것이다. 이 장에서 진행되는 활동들은 목표를 구체화하는 방법을 체
득하는 데에 도움이 될 것이다.

이 장에서는...

일반적으로 자신의 미래를 그려보고 장기적인 삶의 목표를 세워 현재를 열심히 살아가는 청소년은 중독에 빠질 확률이 보다 낮을 뿐 아니라 자신에 대한 높은 존중 수준을 유지하여 우울감도 낮게 나타나는 것으로 알려져 있다. 청소년이 하루하루를 어른이 되는 중요한 준비기간으로 인식하고 학업과 더불어 미래 직업과 진로선택, 가족의 형성, 지역, 환경, 기술과 발달, 생애 가치처럼 눈에 보이지 않는 미래 삶에 관심을 보이며 스스로 생활을 관리하는 노력은 중요하다. 환경보호와 같이 개인과 주변 생활환경의 조화 및 개인과 사회의 공동 이익을 우선하는 가치가 넓게 받아들여지고 있는 점을 감안한다면, 청소년 각자 자신은 물론 세계 인류의 행복과 만족 요건이 무엇인가 골몰하고 노력하지 않을 수 없다.

청소년이 미래 사회의 가치와 변화를 미리 인식하는 것은 다가올 성인기에 대비하는 바람직한 자세이고 사고범위를 넓혀 개인 역량을 갖출 수 있는 좋은 기회가 된다. 미래를 준비하기 위해서는 폭넓은 관심과 다양한 활동, 만남, 경험을 토대로 직접 내·외부 자극에 맞닥뜨리고 감각을 익히며 사회 변화에 관한 지식을 갖추도록 해야 한다. 또한, 고등학교 졸업자의 80% 이상이 대학에 진학하는 한국 청소년들은 소위 'Gap year'라 하여 공공서비스 참여, 봉사활동, 여행 등의 시간을 보내는 다른 나라의 또래 청소년들의 모습도 눈여겨 볼 필요가 있을 것이다. 더불어 진로 선택과 결정에 관하여는 과거와 달리 갈수록 다양성이 존중되고 남들이 선호하지 않는 영역에서 일하는 전문 분야로도 시야를 확대해야 한다. 만일, 자신의 적성과 흥미를 무시한 채 대학진학만을 목표로 삼는다면 결국 부적응과 건전하지 못한 개인의 성장과 발달로도 이어질 수도 있다는 사실을 미리 예상하고 합리적인 선택과 결정을 해 나아가도록 노력해야 할 것이다.

청소년이 널리 세상과 미래를 보고 떠올린 목표는 당장 삶의 무료함을 떨쳐내게 하고 자기관리에 집중하게 하며 크고 작은 실패와 고통도 쉽게 이겨내도록 도울 것이다. 나아가 배우는 과정 자체를 즐겁게 여기고 한 걸음씩 나아가는 기쁨도 만끽하게 되는데, 목표가 항해하는 배의 엔진역할을 함과 동시에 바라보는 등대와도 같다고 언급한 어느 학자들은 청소년의 목표 세우기에 대해 다음의 6가지 항목을 제안하였다. 첫째, 개인이 자발성을 발휘하여야 하며, 둘째, 기간별로 세분화하되 연관성을 갖추어야 하여, 셋째, 청소년 자신에게 도움이 되고 꾸준한 노력을 필요로 하는 목표만이 적극적인 태도와 감정을 유발할 수 있으며, 넷째, 실현 가능하여 결과가 수치화될 정도로 명확하게 드러내도록 해야 하며, 다섯째, 목표를 완전하게 수행하는 날짜를 정해야 하며, 마지막으로, 실천에 옮길 수 있을 정도의 현실성을 감안해야 한다는 점이다.

그렇다면 구체적인 계획과 목표를 작성하고 실천에 옮기는 일에도 방법이 있지 않을까 생각해 볼 수 있다. 아마도 '하루의 습관을 바꾸는 것이 곧 전체 삶의 변화로 이어질 것'이라고 인식하는 순간 사람은 자기 생활의 소소한 행동 습관과 언어활동에 의미를 부여하고 관찰하며 움직이게 될 것으로 여겨진다. 예를 들어, 환경보호에 관심이 있고 관련 분야의 일을 맡고 싶다면 독서, 집 안팎의 청결함 유지, 재활용 아이디어 떠올리기, 지역사회 환경보호 활동 참여 등이 있는데 이 같은 자료들의 기록과 수집, 수행에 따른 행복감 자체에도 의미를 부여할 만하다.

종합적으로, 청소년기의 자신감과 온전한 자존감 수준, 사회인식과 적응이 생활만족도를 높이고 학습숙달에도 긍정적인 기여를 하며 역량 키우기, 대처활동, 사회적 공헌과 참여 등에 이르는 일에도 상호보완적인 역할을 할 수 있을 것이다. 즉, 미래를 준비하는 경험학습과 준비활동은 개인과 사회에 대한 책임감, 타인과 공동체를 소중히 여기는 태도, 직업계획 등의 사회 적응과 심리적 발달을 도모하며, 공동체 문제에 관한 지식을 축적하고 문제해결능력을 키우는 등 시야를 넓혀 나아가는 데 보다 이로울 것이다.

1
내가 가고 싶은 길

학교에서, 가정에서, 학원에서, 기타 여러 다른 배움의 터에서 내 미래를 준비하기 위해 배우는 것들을 정리해 보고, 지금 혹은 이후에 배우게 되는 것들이 미래의 나의 모습과 어떤 연관성이 있는지 고민해 보자.

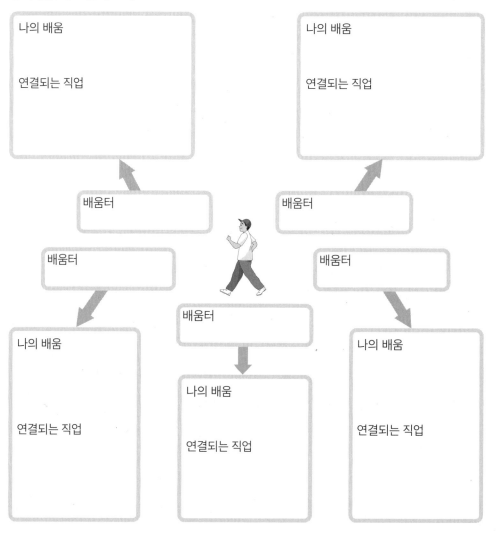

2
주변 사람들의 직업 탐색

내가 만나게 되는 사람들의 직업을 알아보는 시간입니다.
이 시간을 통해 그동안 미처 생각하지 못했던 직업을 알게 되고, 새로운 직업의 세계에 매력을 느낄 수도 있습니다.

진행의 팁
가까운 사람들의 직업뿐 아니라 오가다 만나는 사람들의 직업에 대해서도 생각해 보는 시간으로, 진행자는 자주 보는 선생님, 부모님, 좋아하는 연예인들이 아닌 다양한 직종의 사람들을 생각할 수 있도록 지도합니다.

💡 일주일 동안 내가 만난 사람들의 직업은 무엇이었나요? 되도록 많은 사람들의 직업을 떠올려 보세요.

학교 가는 길에 만나는 지하철 역무원 아저씨, 기관사 아저씨
학교 앞 분식점 아주머니
용돈 저금하러 간 은행에서 일하시는 청원경찰, 은행원
봉사활동 나간 복지관의 사회복지사 선생님
내 친구 미영이네 언니 직업은 동사무소 공무원
미용실 헤어 디자이너

💡 그 중 가장 관심이 가거나 궁금한 직업은 무엇이었나요?

💡 어떤 점에서 매력을 느꼈나요?

3
내 꿈의 길을 걷는 사람들

내가 가고자 하는 길을 먼저 가고 있는 유명인사나 주변 사람들을 알아보는 시간입니다. 나에게 멘토가 되기도, 롤모델이 되기도 하면서 큰 힘이 되어 줄 사람들을 찾아봅시다.

💡 내 꿈을 이미 실현하여 그 길을 가고 있는 사람들을 알아봅시다.

💡 꿈을 이루기 위해 어떤 노력을 했었나요?

💡 존경하는 점, 본받고 싶은 점 등을 정리해 봅시다.

4
사회활동 벤다이어그램

내가 하고 싶은 일들, 내가 잘할 수 있는 일들, 내가 해야 하는 일들을 정리하여 그 중 교집합이 되는 일을 찾아보는 시간입니다. 그 일이 나에게 가장 잘 맞는 일이 될 가능성이 많겠지요?

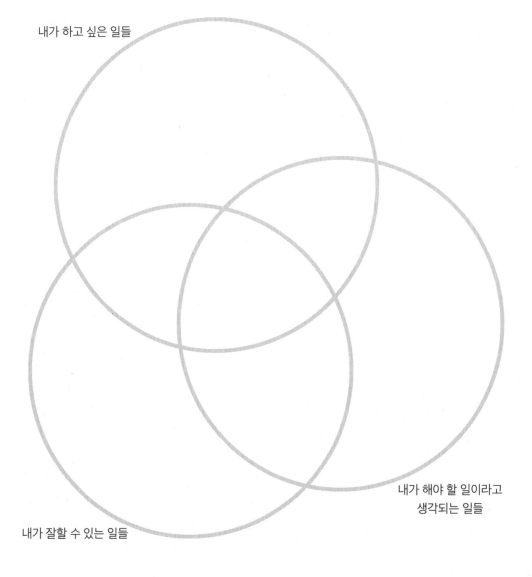

내가 하고 싶은 일들

내가 해야 할 일이라고
생각되는 일들

내가 잘할 수 있는 일들

5
미래 내 삶의 공간

10년 혹은 20년 후 조금은 먼 미래에 내가 어른이 되어 살고 싶은 집을 꾸며 보는 시간입니다. 종이나 아크릴판, 찰흙, 블록 등 다양한 재료를 이용해 입체적으로 만들어 봅시다.

💡 내가 살고 싶은 집을 꾸며 봅시다. 꿈꾸는 직업에 따라 활용되는 공간도 달라지겠지요? 꼭 필요한 것들은 무엇인지 먼저 목록을 만들어 본 뒤 그려 보세요.

┌─ 내가 꿈꾸는 나의 집 ────────────────────┐
│   │
│   │
│   │
│   │
│   │
│   │
│   │
│   │
└───┘

💡 10년 뒤, 혹은 20년 뒤 나는 어떤 일을 하고, 어떤 모습으로 살고 있을까요?

💡 내가 꿈꾸는 집에 함께 하고 싶은 사람들도 적어 봅시다.

6
내 나무 키우기

씨앗/모종/묘목 등을 심어 한 그루 나무를 키워 봅니다. 새로운 씨앗을 심은 곳에 내 이름과
씨앗의 이름, 날짜를 적어 푯말을 만들어 둡니다. 하루, 이틀이 지나 새싹을 틔우고 자라나는
나무처럼 나 역시 커가고 있음을 느낄 수 있습니다.

진행의 팁
① 씨앗을 선택할 때에는 1년생 식물이 아닌 것을 선택할 수 있도록 지도한다.
② 기관이나 학교 등에 여유 공간이 있다면 미리 협의하여 공간을 활용할 수 있도록 한다.
③ 위의 상황이 여의치 않을 때에는 작은 화분으로 대체하여 함께 작업한 후 집에 가져갈 수 있도록 하
   거나 집에서 작업하여 사진이나 동영상 촬영을 한 후 모임에서 이야기를 나눌 수 있도록 한다.

💡 내가 선택한 씨앗 혹은 모종은 무엇입니까?

💡 특별히 선택한 이유가 있나요?

7
사회 활동 공동체, 지역사회 공간 만들기

팀별로 회의를 거쳐 사람들이 살 만한 행복한 지역공간을 꾸며 봅니다. 커다란 종이 위에 다양한 기관과 집, 공원과 같은 인공물을 그리거나 입체감을 살려 완성합니다.

💡 서로 의견을 나누기 전 꼭 필요한 시설은 무엇인지 적어 봅시다.

예 각종 병원, 산책할 수 있는 공원, 편리한 대중교통 등

💡 내가 생각하는 '살기 좋은 마을'은 어떤 모습인지 그려 봅시다.

내가 살고 싶은 마을

💡 서로의 생각을 나누고 정리하여 함께 '살기 좋은 마을'을 만들어 봅시다.

우리가 생각하는 '살기 좋은 마을'

8
내가 살 지구를 지켜라

팀별로 지구를 아끼고 보호해야 함을 알리는 캠페인을 기획하여 발표합니다.

진행의 팁
① 꾸미기 소품에 제한을 두지 않는다.
② 원시 부족 등의 독특한 분장과 간단한 코믹 드라마 꾸미기 등 예시를 제공한다.

9
달라진 사람, 달라진 세상

'이런 사람으로 넘쳐났으면, 이런 세상이 되었으면…'. 하는 바람을 꿈꾸어 본 적이 있는지요. 여러분이 생각하는 신인류, 신세계에 대해 그려 보고 설명해 봅니다.

신세계 그리기
세상은 시대를 거쳐 가며 변해 오고 있습니다. 여러분이 꿈꾸는 미래의 세상을 그려 보는 시간입니다.

💡 신인류 그리기

현재 내가 살고 있는 '이곳'과는 다른 공간에서 만나게 될 새로운 사람들 혹은 미지의 생물들에 대해 상상의 나래를 펼쳐 봅시다.

마지막 회기를 마치며…

💡 **내 나름의 정의내리기**

미래란 _____ 다.

미래란 _____ 다.

미래란 _____ 다.

💡 **이행시 짓기**

(미)

(래)

MEMO

갈무리 활동

모든 활동을 마치고 난 뒤 함께 이야기를 나누며 마무리하는 시간입니다.
참여 학생들이 각자 느낀 점과 각오 등을 적어 돌아가며 발표해 봅시다. 발표자가 이야기를
마칠 때마다 나머지 친구들은 크게 박수를 치고 환호하며 서로 격려해 주고 힘이 되어 줄 수
있도록 합시다.

진행의 팁
① 가능하면 둥근 형태로 모든 인원이 서로 마주 볼 수 있도록 앉는 것이 가장 이상적이지만 상황에 맞
　게 배치한다.
② 발표 상황을 두려워하고 유독 긴장하는 학생이 있다면, 진행자가 문답 방식을 이용해 편안하게 이야
　기를 이끈다.

▲ 내 머릿속에 담긴 새 기분, 새 각오를 다져 봅시다.

▲ 함께한 사람들의 얼굴을 사진으로 담아 봅시다.

미주목록

1) Whetter, L., et al(2005). International directory of voluntary work. 9th ed. Oxford : Vacation Work.

2) Putnam, D. R. (2001). 2012년 3월 검색자료. http://www.oecd.org/dataoecd/25/6/1825848.pdf

3) Marshall, M. et al. (2002). The global village : transformations in world life and media in the 21st century. New York : Oxford university press. 국내번역서. 박기순 옮김(2005). 지구촌 : 21세기 인류의 삶과 미디어의 변화. 서울 : 커뮤니케이션스 북스.

4) William, D. A. (2003). National youth policy and national youth service: towards concerted action. Service Enquiry 자료. http://service-enquiry.org.za 2012년 3월 검색